AF224434

Mgr TURINAZ

ÉVÊQUE DE NANCY ET DE TOUL

L'ŒUVRE

DES

PRIÈRES ET DES TOMBES MILITAIRES

ET DE L'ACHÈVEMENT

DE LA BASILIQUE DE JEANNE D'ARC

A DOMRÉMY (Vosges)

DISCOURS

PRONONCÉ DANS L'ÉGLISE DE LA MADELEINE, A PARIS
LE DIMANCHE 8 MAI 1892

Prix : 50 Centimes

AU PROFIT DE L'ŒUVRE

PARIS

AUX BUREAUX DU COMITÉ CATHOLIQUE

RUE DE GRENELLE, 35

1892

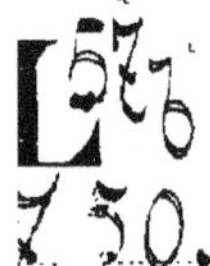

Mgr TURINAZ

ÉVÊQUE DE NANCY ET DE TOUL

L'ŒUVRE

DES

PRIÈRES ET DES TOMBES MILITAIRES

ET DE L'ACHÈVEMENT

DE LA BASILIQUE DE JEANNE D'ARC

A DOMRÉMY (Vosges)

DISCOURS

PRONONCÉ DANS L'ÉGLISE DE LA MADELEINE, A PARIS
LE DIMANCHE 8 MAI 1892

Prix : 50 Centimes

AU PROFIT DE L'ŒUVRE

DÉPOT LÉGAL
Seine
No 2231
1892

PARIS

AUX BUREAUX DU COMITÉ CATHOLIQUE

RUE DE GRENELLE, 35

1892

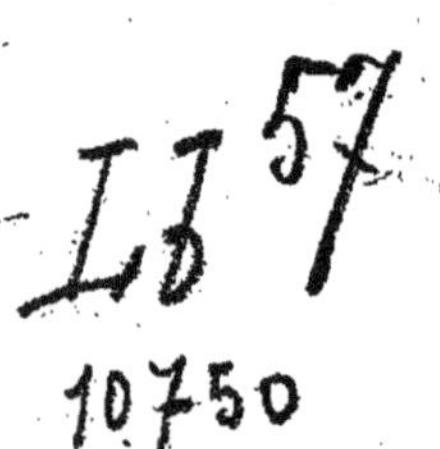
LB 57
10750

L'ŒUVRE

DES

PRIÈRES ET DES TOMBES MILITAIRES

ET DE L'ACHÈVEMENT

DE LA BASILIQUE DE JEANNE D'ARC

A DOMRÉMY

DISCOURS

PRONONCÉ DANS L'ÉGLISE DE LA MADELEINE, A PARIS

LE DIMANCHE 8 MAI 1892

> *Ecce Ego aperiam tumulos vestros, et educam vos de sepulcris vestris : et introducam vos in terram Israel.*
>
> Voici que j'ouvrirai vos tombes, je vous ferai sortir victorieux de vos sépulcres, et je vous introduirai dans la terre bienheureuse d'Israël.
>
> Ezech. XXXVII, 12.

Mes très chers Frères,

Ce ne sont pas des paroles de tristesse et de deuil, ce sont les accents de la foi et de l'espérance, de la victoire et de l'immortalité que je viens faire entendre sur les tombes des soldats de la France.

Au souvenir de ces vaillants, la douleur nous étreint ; mais, cette douleur, l'héroïsme de leur sacrifice la domine et la transfigure ; les prières succèdent aux larmes ; nous plaçons sur leurs tombes la Croix triomphante de Jésus-Christ ; et ceux qui ont succombé ici-bas, nous voulons les contempler dans le triomphe éternel.

L'œuvre qui sollicite en ce moment votre générosité est unie à l'œuvre de la Basilique nationale qui s'élève dans les lieux à jamais bénis où Dieu a donné Jeanne d'Arc à la France, et où Il lui confia son incomparable mission.

Je ne connais pas d'œuvre plus belle, plus grande, plus touchante, plus digne de l'admiration et de l'enthousiasme de tous les cœurs chrétiens et de tous les cœurs français.

Je viens de nos frontières mutilées et de la Lorraine en deuil vous parler des soldats qui sont morts pour la défense et la gloire de la Patrie. Je viens du pays de Jeanne d'Arc vous rappeler le vœu suprême de l'angélique guerrière, et vous supplier de l'accomplir. En ce jour, anniversaire de la délivrance d'Orléans, je viens demander avec vous que Jeanne conduise de nouveau nos armées à la victoire, et qu'elle nous unisse enfin pour la délivrance de la France chrétienne.

Je vous dirai que l'OEuvre des Prières et des Tombes unie à celle de Domrémy répond aux plus nobles aspirations de la nature humaine, aux plus hautes et aux plus consolantes vérités de la Foi chrétienne, et aux plus sublimes inspirations du patriotisme français.

I

L'oubli est incontestablement une des plus cruelles épreuves imposées par la mort. Être oublié, c'est mourir deux fois ; et qui donc ne meurt deux fois ?

Au jour des grands et douloureux anniversaires, nous reprenons nos souvenirs et nos deuils. Mais les années passent sur les tombes et sur les cœurs ; elles emportent bientôt, comme des feuilles desséchées, nos affections et nos promesses. Les générations elles-mêmes vont vite, et les morts deviennent des inconnus, dont les noms n'éveillent même plus un regret ou une pensée.

« Je le veux, a dit Lacordaire, une prière amie nous suit au delà de ce monde, un souvenir pieux prononce encore notre nom. Mais bientôt le ciel et la terre ont fait un pas; l'oubli descend, le silence nous couvre, aucun rivage n'envoie plus sur notre tombe la brise éthérée de l'amour; c'est fini, c'est à jamais fini. Et telle est l'histoire de l'homme dans l'amour (1). »

Et pourtant la raison et le cœur protestent contre cette puissance fatale de la mort et du temps, et il n'est pas de plus navrant témoignage de l'imperfection de notre nature et de la misère de l'homme.

C'est donc faire une œuvre grande, utile, consolante, généreuse, digne de toutes les sympathies et de tous les respects, que de conserver dans les âmes et dans l'âme de la Patrie le souvenir de ceux qui sont morts pour défendre son honneur, son indépendance et sa gloire.

Un peuple a, comme toutes les familles illustres, le patrimoine sacré de ses traditions et de ses hauts faits. L'indifférence et l'oubli sont pour lui sans excuses, car il subsiste quand les familles et les races s'éteignent; et il a des moyens incomparables de perpétuer la mémoire de ses serviteurs et de ses héros.

J'ai dit : ses serviteurs et ses héros, parce que la reconnaissance et l'admiration confirment, élèvent, transfigurent ce premier et grand devoir. Ceux que vous voulez honorer ont donné à leur pays tout ce qu'ils avaient : leurs forces, leurs joies, leurs espérances, leur sang et leur vie. Ils n'ont pas compté avec les travaux, les souffrances et les sacrifices. Qui donc oserait compter avec eux ? Du fond de leur tombe ils redisent ces paroles des vaillants Macchabées : « Vous

(1) Trente-neuvième Conférence de Notre-Dame

savez bien quels terribles combats nous avons soutenus et quelles angoisses nous avons subies pour vous ! *Vos scitis quanta prœlia fecimus et quales vidimus angustias* (1). »

Un peuple ingrat, un peuple qui oublierait les vertus, les nobles exemples du passé, qui laisserait s'éteindre les sentiments qui sont la force et la suprême ressource de toute vie nationale, se condamnerait à une décadence sans espoir. « Contemple, ô Israël, disait le Roi-Prophète, contemple ceux qui pour toi ont été frappés à mort sur tes hauteurs : *considera, Israël, pro his qui mortui sunt super excelsa tua vulnerati* (2)». Le jour où elle n'élèverait plus ses regards vers ses fils tombés sur ses frontières envahies, à l'ombre de son drapeau, sur les sommets du dévouement et de l'héroïsme, la France serait déshonorée et perdue. Mais je l'affirme sur tous vos cœurs, il n'en sera jamais ainsi : votre œuvre est l'œuvre du souvenir fidèle et de la reconnaissance nationale.

Elle est aussi la manifestation du culte des morts dans ce qu'il a de plus élevé et de plus touchant. Elle en résume avec un incomparable éclat les enseignements, les consolations et les espérances. Le culte des morts est un admirable témoignage de la bonté et de la fidélité du cœur. Il élève et unit les âmes, même à travers les ombres de la mort, il nous rappelle les vertus de ceux que nous avons perdus, il fortifie dans les épreuves les plus cruelles, et console dans les séparations déchirantes.

Les tombes, où reposent les dépouilles mortelles de l'homme, inspirent un profond respect. Partout où le culte des morts est en honneur, il démontre la valeur morale des peuples. Là où il est méconnu et outragé, la conscience humaine se révolte ; elle déclare qu'il y a dans cette profanation un crime odieux, un signe de dégradation et de barbarie.

(1) I. Macch. xiii, 3.
(2) II. Reg. i, 18.

Et, si nous allons au fond intime des choses, à la cause première de ce culte universel, nous trouvons la croyance de tous les peuples et de tous les siècles à l'existence d'une âme spirituelle, libre et immortelle.

A qui s'adressent, en effet, ces témoignages de respect et d'affection ? à des ossements desséchés, à des débris informes, à une poussière que le moindre souffle emporte ? Mais non, c'est impossible ! ce serait la contradiction poussée jusqu'à la folie. Dans ces multitudes immenses qu'émeut, à certains jours surtout, le culte des morts, dans les âmes même le plus complètement-dominées par les négations sacrilèges, subsiste et triomphe une espérance qui est pleine d'immortalité : *Spes illorum immortalitate plena est* (1).

D'ailleurs, que peuvent les hommes, que peut la nation la plus reconnaissante et la plus généreuse pour les grandes victimes du devoir ? Ils n'auraient donc, ces vaillants, ces héros, aucune récompense ! Ils ont tout sacrifié à leur devoir et à leur pays, et ils ne recevraient rien ? rien que le silence et la nuit, la destruction et le néant ? Ah ! ici encore, la raison proteste avec tous vos cœurs.

Que sera-ce de ceux qui ont succombé, non pas dans l'enivrement de la victoire, mais au sein d'irréparables défaites ? de ceux qui ont redit sans espoir et sans peur le cri des Macchabées : « Mourons, du moins, dans notre simplicité : *Moriamur et nos in simplicitate nostrâ* » (2) ?

Si Dieu existe, il est sage, juste et bon. Il y a donc une justice au-dessus des iniquités qui oppriment si souvent sur cette terre les hommes et les peuples. Il y a des lumières et des joies par delà les ombres et les angoisses de la mort, des triomphes pour les vaincus ; et au-dessus de toutes ces tombes resplendit l'espérance de l'immortalité. Non, non, ceux dont

(1) Sap. iii, 4.
(2) I. Macc. ii, 37.

vous honorez la mémoire ne sont pas morts tout entiers ! Ils nous voient, ils nous entendent et, en ce moment, leurs âmes tressaillent encore avec l'âme de la France.

Plus qu'aucun autre, le soldat a besoin de ces fermes croyances, de cet espoir qui vient d'en haut et qui trempe les cœurs dans la virilité, la bravoure et l'héroïsme. Sans doute, la pensée du devoir, le courage et l'audace, l'entraînement du combat, le sentiment de l'honneur, l'amour de la patrie sont des mobiles puissants. Mais, qui oserait le contester ? la certitude d'une vie future est bien plus puissante encore. Et une armée qui serait tout entière animée par ces convictions profondes deviendrait invincible.

« C'est une loi du monde », a dit Lacordaire, « que ceux qui veulent mourir sont les maîtres de ceux qui veulent vivre. » Mais, pour vouloir mourir, il faut croire à la vie éternelle.

II

L'Église catholique n'entoure pas seulement de respect la tombe des morts ; elle place au-dessus de ces tombes la Croix de Jésus-Christ, signe de résurrection et d'immortalité, révélation de la grandeur, du prix et de la puissance divine de la douleur. C'est du haut de cet arbre de la mort et de la rédemption que le Fils de Dieu fait entendre ces paroles qui, depuis dix-neuf siècles, ont relevé tant de courages et enseigné une résignation surhumaine : « Vous qui passez, voyez s'il est une douleur semblable à la mienne ; venez à moi, vous tous qui souffrez et qui êtes accablés sous le poids de vos douleurs, je vous soulagerai et vous trouverez le repos de vos âmes ! »

Oui, elle est bien placée sur les tombes de nos soldats, cette Croix qu'un si grand nombre d'entre eux ont baisée dans leur agonie, cette Croix qui, pendant des siècles, a conduit au combat les fils de la France, qui a présidé aux destinées du monde chrétien et s'est associée à toutes ses épreuves et à toutes ses gloires !

Le fondateur de votre OEuvre a pu affirmer que dans l'Allemagne entière, où sont morts 18.500 de nos soldats, il n'est pas une seule de leurs tombes que ne domine le signe de la foi chrétienne, de la rédemption et de l'espérance.

Vous apportez encore sur ces tombes la puissance de la prière. Comment la prière ne s'échapperait-elle pas de toutes les lèvres et de tous les cœurs pour ces fils dévoués de la France, au souvenir des grandes hécatombes des guerres passées, à la pensée des hécatombes bien plus effroyables encore des guerres de demain ? De quels secours, de quelles grâces insignes ces morts et ces combattants n'ont-ils pas besoin ? La prière est le cri de la faiblesse, de la misère, de la douleur vers la Puissance, la Bonté et la Miséricorde infinies.

Nous en avons la ferme confiance, il est bien peu de ces vaillants soldats qui, au jour des périls, en face de la mort présente et inévitable, sur un lit de douleur, ou dans les angoisses de la solitude et de l'abandon, au soir des batailles, n'aient adressé une prière au Dieu qui pardonne et qui sauve.

L'influence d'une éducation chrétienne, les visions bénies de leur première enfance, les souvenirs de la tendresse et de la piété de leur mère, les déceptions cruelles, la vanité de tout ce qui passe leur ont rappelé les accents qui purifient, qui ferment l'enfer, si déjà ils n'ouvrent le ciel.

Et quelles prières vous voulez unir à ces prières ? Prières inspirées par les affections les plus pures et les plus saintes, par la foi, la piété, la reconnaissance, et par les ardeurs du patriotisme. Prières des épouses devenues veuves, des enfants orphelins, supplications toutes puissantes de la France entière, dominant les divisions et les partis, et donnant une seule voix à l'âme de tout un peuple.

Prières perpétuelles, car les motifs qui les réclament aujourd'hui les réclameront toujours. Le rêve de la paix universelle ne sera pas réalisé tant que la nature humaine n'aura pas été transformée en une nature supérieure. Il y aura donc toujours des blessés et des morts, des vainqueurs et des vaincus, des séparations déchirantes, des larmes et des deuils, des âmes à secourir et à délivrer. Et remarquez-le, vous qui avez tant pleuré ces chers et glorieux morts, vous disparaîtrez à votre tour. Ne voulez-vous pas que la prière pour eux soit incessante, et qu'elle s'échappe pour ainsi dire encore de vos tombes?

Votre OEuvre apporte à ces tombes les précieuses bénédictions de l'Église. Elle veut les associer à la sainteté et à la gloire du sépulcre du Fils de Dieu, le premier vainqueur de la mort : *erit sepulcrum ejus gloriosum* (1).

Avec les tombes, l'Église bénit les lieux où elles sont réunies. Après les temples où réside le Dieu de l'Eucharistie et où s'accomplissent les plus augustes mystères, il n'est pas, dans l'Église catholique, de lieu plus vénéré que ces champs du repos et de la mort. La bénédiction solennelle qu'elle leur accorde est réservée à l'autorité épiscopale. Et parmi les prières de cette bénédiction, il en est une qui demande à Dieu d'envoyer un de ses Anges pour veiller sur nos cimetières (2). L'Ange que Dieu a envoyé pour veiller sur les tombes de nos soldats, c'est sans doute l'Archange Saint-Michel dont, par une heureuse et touchante coïncidence, nous célébrons aujourd'hui la glorieuse apparition, Saint-

____

(1) Isaïe, xi, 10.

(2) *Deus, cujus misericordiá animæ fidelium requiescunt, huic cœmeterio, quæsumus Domine, Angelum tuum sanctum deputa custodem.* Pontific. Roman.

Michel, le chef des armées célestes et le Protecteur de la France.

Mais au-dessus des prières les plus ferventes, des bénédictions les plus solennelles, il est une puissance que la foi et la piété, et que votre OEuvre appellent sur la tombe des défenseurs de notre pays, la puissance du divin Sacrifice.

Au jour où les Macchabées combattaient pour l'indépendance d'Israël, des milliers de guerriers avaient succombé dans une sanglante victoire. Judas, leur chef héroïque, recueillit les offrandes de son armée, et envoya 12.000 drachmes au temple de Jérusalem pour que l'on offrît un sacrifice en faveur de ceux qui étaient tombés dans la bataille. Et le texte sacré ajoute : « C'est une sainte et salutaire pensée de prier pour les morts, afin qu'ils soient délivrés de leurs péchés (1) ».

Mais qu'étaient les sacrifices de la Loi ancienne en comparaison du Sacrifice de la Loi de grâce et d'amour? Le sacrifice de nos autels reproduit celui du Calvaire ; il en applique les mérites infinis; Jésus-Christ en est à la fois le prêtre et la victime. Ce sacrifice est le centre du culte et de la religion elle-même, le lien visible le plus étroit et le plus puissant entre l'Église qui combat, l'Église qui souffre et l'Église qui triomphe.

Des messes nombreuses ont été fondées, et d'autres plus nombreuses encore seront fondées par votre OEuvre; et le sang du Fils de Dieu descendra comme par torrents sur les tombes et sur les âmes de nos soldats.

L'avez-vous remarqué? C'est à l'occasion d'une grande bataille et de guerriers qui ont succombé pour la défense de leur pays que les Saintes Écritures affirment dans les termes les plus explicites l'existence du Purgatoire, l'efficacité des prières et des sacrifices en faveur des âmes qui y sont dé-

____

(1) II. Macch. xii, 43-46.

tenues. Ceux qui succombent ainsi dans les combats sont aussi des victimes ; ils accomplissent le suprême sacrifice et donnent le plus grand témoignage d'amour qui puisse être demandé à l'homme. Ah ! je comprends avec ma foi et avec mon cœur que le Dieu du Calvaire et de l'Autel doit avoir pour de telles victimes des privilèges de pardon, de miséricorde et de salut.

Mais la foi, la piété et l'Église vont plus haut et plus loin que la raison humaine. Elles n'affirment pas seulement la vie future et l'immortalité : elles promettent les visions sans voiles, la gloire sans ombre, la puissance sans limite, l'amour sans défaillance et la félicité jusqu'à l'extase. Elles promettent « ce que l'œil de l'homme n'a pas vu, ce que son oreille n'a pas entendu, ce que son cœur ne saurait comprendre (1) ».

D'ailleurs, que voulez-vous que puissent les récompenses de la terre et les gloires humaines pour ce soldat obscur, pour ce pauvre enfant parti hier de son village et qui demain tombera ignoré dans la mêlée sanglante ? La gloire ? il ne la connaît pas ; il sait à peine son nom. Ah ! parlez-lui du devoir et de l'honneur chrétien, de l'abnégation et du sacrifice, parlez-lui des récompenses éternelles, réservées plus douces, plus complètes, plus resplendissantes aux petits et aux humbles !

La gloire, que peut-elle, même pour les chefs dont l'histoire conserve les noms et raconte les exploits ? Croyez-vous que leurs froides cendres s'émeuvent au bruit de vos louanges ? Et leurs âmes, que pensent-elles des triomphes de la vanité humaine, dans les révélations de la mort, de Dieu et de l'éternité ?

Je vous en supplie, une fois encore, faites descendre les flots du Sang Rédempteur sur ceux qui ont versé leur sang

(1) I. Cor. ii, 9.

pour leur pays. Ouvrez devant eux les parvis sacrés, donnez aux plus illustres et aux plus obscurs la gloire céleste, divine, éternelle.

III.

Votre OEuvre répond aux plus nobles inspirations du patriotisme.

Le peuple de France est né sur un champ de bataille. Depuis quatorze siècles, il a vécu l'épée à la main. Entreprenant, audacieux, téméraire, mais toujours généreux, brave, indomptable, il a pu être vaincu, il n'a jamais été abattu ou découragé. Il s'indigne de toute inique oppression et s'empresse au secours de la faiblesse désarmée. Il tressaille dès qu'il entend le clairon des combats. Il se rit des périls, il chante en marchant à l'ennemi et s'enivre de poudre et de gloire. Il se relève du milieu des ruines et se montre après les plus effroyables désastres tel qu'il nous apparaît aujourd'hui, fier de son admirable armée, plein de confiance, ne provoquant personne, mais prêt à défendre contre tous ses ennemis, fussent-ils innombrables, son sol, son indépendance et son drapeau.

L'OEuvre des prières et des tombes donne à l'armée les plus hautes leçons. Elle appelle sur nos soldats vivants et morts la protection et les bénédictions divines. Elle le sait, Dieu déconcerte, quand il le veut, toutes les prévisions humaines et la science des chefs les plus illustres. Il confond le courage, l'héroïsme et le génie de la guerre, et démontre qu'il est toujours le Dieu des armées et le Maître souverain des destinées des peuples.

Cette OEuvre est une création de l'honneur français.

Dans plusieurs villes d'Allemagne, les tombes de nos soldats offraient le plus douloureux spectacle. Quelques-unes avaient été creusées au pied des remparts, au milieu des champs, dans quelque partie abandonnée des cimetières. Il fallait honorer ces tombes, élever des monuments et les couronner du signe de notre foi. Qu'étaient donc les tombes de nos soldats et de nos marins, en Afrique, au Tonkin, et jusqu'aux extrémités du monde?

Le cœur de la France chrétienne a tenu aussi à répondre aux vœux de ses nobles enfants.

Dans les tristesses de la captivité, au delà de nos frontières envahies, un de nos soldats touchait à ses derniers instants. Il recueillit ses forces dans un suprême élan, et, s'adressant au prêtre qui le consolait et le bénissait : « Mon père, dit-il, je vais mourir. Obtenez que je meure sur la terre française, à un pas seulement sur le sol de la Patrie, et je mourrai content ! » Le pieux et vaillant fondateur de votre Œuvre eut alors une admirable inspiration. Il se rappela l'épitaphe placée sur la tombe d'un des fils de la Pologne, elle aussi malheureuse et vaincue : « *Ubi crux, ibi patria !* » et il répondit : « Vous serez enterré dans votre patrie, car là où est la Croix, là est la Patrie: *Ubi crux, ibi patria !* ».....

Comme cela est plus vrai encore, n'est-ce pas, de la patrie française !

Vous faites enfin rayonner les plus douces et les plus chères espérances.

Notre pays, malgré ses erreurs, ses égarements et ses fautes, est sans égal dans les œuvres de la foi, de la piété, et surtout de la charité, la première, la plus belle, la plus puissante, la plus divine de toutes les vertus, de la charité qui, selon les promesses de l'Esprit-Saint « délivre de tout péché et de la mort » (1). Plus que jamais il donne sans compter, ses

____
(1) Tob. iv, 11.

forces, son apostolat, son or et son sang, ses admirables missionnaires et ses religieuses héroïques.

La charité, qui a fondé votre OEuvre et qui la soutient, atteint les âmes faites à l'image de Dieu, rachetées par sa mort; elle atteint les âmes les plus oubliées, les plus abandonnées. Elle remonte jusqu'au berceau de notre pays, elle le suivra jusqu'à son dernier jour; elle unit dans le passé, le présent et l'avenir, la terre au ciel, la patrie du temps à la patrie de l'éternité. Elle donne mieux que le verre d'eau froide, auquel une récompense a été promise; elle donne l'océan sans rivages de la félicité et de la gloire éternelles. Et c'est au lendemain de la guerre et de l'invasion, sous le fardeau écrasant de la rançon imposée par le vainqueur que la France a répondu à votre appel. Aussi, l'aumônier en chef des armées allemandes disait : « Pour entreprendre de pareilles œuvres, il faut croire à Dieu, à la résurrection de la chair, à l'immortalité de l'âme. Une nation qui croit à ces vérités est grande; une nation qui les affirme ainsi devant le monde entier ne doit pas périr ».

Votre OEuvre est devenue l'OEuvre de Domrémy, l'OEuvre de Jeanne d'Arc qui, au soir de sa première victoire, après que le fort Saint-Loup avait été emporté dans un magnifique élan, disait : « Je pleure en pensant à tant d'hommes qui sont morts sans avoir obtenu le pardon de leurs péchés ».

Le vœu suprême, le testament de la Libératrice de la France est enfin accompli. Elle répétait souvent à son confesseur : « Si je dois mourir bientôt, dites de ma part au roi mon maître qu'il fasse bâtir des chapelles, où l'on prie pour les âmes de ceux qui sont morts en défendant la patrie ».

Cette chapelle vaste et gracieuse, à laquelle on a donné le titre de basilique, s'élève à Domrémy, où naquit l'angélique enfant, où elle vécut dix-huit ans, où pendant quatre ans des visions célestes lui furent données, où l'Archange et les Saintes lui ont dit : « Va, fille de Dieu, va sauver la France! »

Déjà, dans la crypte de cette Basilique, des messes sont célébrées pour les âmes des soldats morts au service de notre pays. Mais il faut que les constructions se poursuivent et s'achèvent. Il y a deux ans, aux applaudissements d'une grande assemblée, Mgr Thibaudier, le très regretté archevêque de Cambrai, affirmait que « l'achèvement de cette Basilique » *s'imposait à l'honneur de la France chrétienne.* »

Vers la même époque, à Domrémy, sur les assises de cet édifice, en présence d'une foule immense de pèlerins, je faisais entendre des accents que vous me permettrez de rappeler ici :

« Parmi tant de paroles immortelles, Jeanne avait dit : « Je » suis venue relever le sang de France ». Elle avait bien dit. Le sang de France, elle l'a relevé dans la bravoure, dans l'honneur et dans la victoire. Et pourtant son désir n'était pas accompli tout entier. Le sang de France, le sang versé depuis des siècles sur tant de champs de bataille sera recueilli par la reconnaissance et la piété, et élevé jusqu'à ce sanctuaire du Dieu des armées. Là, tous les jours, il sera offert sur l'autel, avec le sang rédempteur du monde. Que dis-je? il sera élevé jusqu'à l'autel céleste, où le sacrifice est offert éternellement par Jésus-Christ, le Prêtre Éternel (1). Non, non, jamais le sang de France n'aura été ainsi relevé ! »

Et me tournant vers Mgr l'Évêque de Saint-Dié, j'ajoutai: « Monseigneur, votre cœur a répondu à l'appel du cœur de Jeanne d'Arc. Au nom de l'armée et au nom de la France, soyez remercié et béni ! »

(1) « Hic autem, eò quod in æternum, sempiternum habet sacerdotium. Unde et salvare in perpetuum potest accedentes per semetipsum ad Deum : semper vivens ad interpellandum pro nobis (HEBR. VII, 24-25). — Ubi præcursor pro nobis introivit Jesus, secundum ordinem Melchisedeck pontifex factus in æternum (HEBR. VI, 20).

Dans les splendeurs et les triomphes des fêtes de Reims, Jeanne demandait au roi la grâce de retourner à son pauvre village. La France l'y reconduira demain dans des fêtes plus belles et des triomphes plus grands !

La voyez-vous, l'angélique guerrière, comme autrefois « toute armée en blanc », et sa bannière à la main ? Elle est suivie par l'armée immense de tous les soldats de France. Guerriers de Clovis, de Charles Martel et de Charlemagne, chevaliers bardés de fer du moyen âge et des guerres saintes, compagnons de Duguesclin et de Bayard, bandes vaillantes d'Orléans, de Beaugency et de Patay, régiments de Turenne et de Condé, conquérants du premier Empire, vainqueurs d'Alger et de Constantine, de Sébastopol, de Solférino et de Magenta, défenseurs intrépides de notre pays dans ses derniers désastres, combattants de l'Afrique et de l'Extrême-Orient, marins héroïques de tous les siècles, ils vont au sanctuaire de Domrémy, et nous les saluons dans l'enthousiasme de la foi et du patriotisme.

O Jeanne ! Jeanne de Domrémy et d'Orléans, quand bientôt vous apparaîtrez, suivie de cet incomparable cortège, portant au front l'auréole des saints, la France entière acclamera en vous la patronne de l'armée, l'ange de la patrie, de l'union, de l'espérance et de la victoire !

Mais ne répondrons-nous pas dès ce moment à l'appel de la libératrice, de la guerrière et de la sainte ? N'avons-nous pas à cœur, nous aussi, de réaliser son sublime testament ? Prêtres, ministres de la divine parole, vous qui unissez à l'amour de Dieu et de son Église l'amour de votre pays et de toutes les nobles causes, chefs illustres qui tant de fois avez conduit au combat les fils de la France, marins qui avez porté sur toutes les mers notre glorieux drapeau, Français qui voulez la grandeur et la puissance de votre patrie ; jeunes filles, épouses, mères, femmes de France, sœurs de Jeanne d'Arc, vous qui admirez tout ce qui est grand et beau, faites-vous les apôtres de cette OEuvre, formez des comités, sollicitez les offrandes. Avec votre obole ou votre or, donnez votre influence, votre cœur, votre infatigable zèle. Et vous à qui Dieu a prodigué la fortune, pourquoi ne vous réserveriez-vous pas la joie et l'honneur d'unir à jamais votre nom au nom de la sainte libératrice en achevant cette basilique, la plus haute manifestation de la foi chrétienne et de l'espérance française. Allez jusqu'au sacrifice pour Jeanne dont l'immolation a sauvé notre pays ; donnez pour Domrémy et pour Jeanne d'Arc ; donnez pour l'armée, donnez pour le rachat, le salut et la gloire de la France !

La quête du sermon prononcé à la Madeleine, le 8 mai
1892, en faveur de l'œuvre des Prières et des Tombes, et
pour l'achèvement de la basilique de Domrémy, a été faite
par :

Mmes La Maréchale Comtesse RANDON, à Saint-Ismier (Isère).
    La Maréchale LEBOEUF, au Moncel, par Trun (Orne).
    La Marquise de BONARDI, 14, boulevard Raspail.
    E. Berthe de VILLERS, 17, rue François Ier.
    La Comtesse de BOURGOING, 25, rue d'Astorg.
    La Comtesse de GESLIN, 26, rue des Bourdonnais, à
        Versailles.
    La Comtesse GICQUEL des TOUCHES, 120, Faubourg
        Saint-Honoré.
Mlle LORTAT-JACOB, 49, avenue de l'Observatoire.
Mmes Eugène SALANSON, 34, rue François Ier.
    L'Amirale LAFONT, 21, rue Chaptal.
    La Comtesse de la TOUR du PIN, 26, rue Saint-An-
        toine, à Versailles.

COMITÉ

DE

L'ŒUVRE DES PRIÈRES & DES TOMBES & DE DOMRÉMY

Président d'honneur : le R. P. JOSEPH.
Président : M. l'amiral marquis GICQUEL DES TOUCHES.
Vice-Président : général SALANSON.
Secrétaire : M. l'abbé LUCAS-CHAMPIONNIÈRE.
Trésorier : M. Hippolyte SALLE.

Membres du Comité :

Général DE L'ABADIE D'AY-
 DREN.
Général LANTY.
Général comte DES PLAS.
Général DU VAL, comte DE
 DAMPIERRE.
Colonel TIERSONNIER.
Colonel DE CONIAC.
Dʳ RIANT.
Dʳ LORTAT-JACOB, ancien mé-
 decin principal.
Amiral RIBOURT.

Amiral baron LAGÉ.
Colonel CARRON DE LA CAR-
 RIÈRE, ancien colonel de
 mobiles, ancien député.
Abbé GUEUSSET.
Antonin PAGÈS.
LE CAMUS, capitaine de frégate
 en retraite.
Vicomte DU PLESSIS DE GRE-
 NÉDAN, ancien lieutenant de
 vaisseau.

BIBLIOTHÈQUE NATIONALE — R. F. — IMPRIMÉS.

IMPRIMERIE CHAIX, RUE BERGÈRE, 20, PARIS. — 10888-5-92.

www.ingramcontent.com/pod-product-compliance
Lightning Source LLC
Chambersburg PA
CBHW061627050726
47595CB00007B/3082